조그만
사랑 이야기

김경태 제 3시집

도서출판 엠-애드

시인의 말

먼저 항상 나의 길을 인도하여 주시는
주님께 감사드립니다.
시를 쓰기 시작한 지 어언 22년이 지나갔네요.
하루가 지나가는 것이 아쉬워 붙잡아 보지만
모르는체 지나갑니다.
일상 가운데 시간을 쪼개 시를 쓰다 보니
더 쓰고 싶은 마음에 조금은 조급해 지기도합니다.
언젠가 아플 때 마음속으로 약속했지요.
감성이 살아있고 세상을 내 시선으로
볼 수 있을 때까지 글을 쓰자고요.
꼭 그렇게 하고 싶습니다.
힘들고 어려워지는 세상에서 아름답고
이쁜 마음으로 써 내려 가겠습니다.

그 안에서

내가 사랑하는 모든 이 들과

오손도손 삶을 이야기 하겠습니다.

웃음을 이야기하고

슬픔을 이야기하고

바램을 이야기하겠습니다.

감사합니다.

2022년 7월

일사 김 경 태

1부
두 사람을 위한 기도

2부
벚꽃 핀 길을 걸으며

3부
이것 역시 곧 지나가리라

4부 우리

5부 사랑

1부

두 사람을 위한 기도

언제나
부러워하며
내겐 오지 않을 것만 같던
그 자리

그 자리

언제나
부러워하며
내겐 오지 않을 것만 같던
그 자리

일상을 마치고
자리에 누워
오늘을 생각하는 이 모습이
그 자리인 걸 지금 안다.

내가 세상을 걷고 있는 걸음걸이가
비어있는 내 아버지의 그리움인 걸 알고

우리 아이를 보고 빙그레 웃는 내 모습이
아버지의 미소인 것도 알았다.

이미 다 커버린 아이들을 보며
숨겨 놓은 안쓰러움이

가슴 깊게 안고 가신 내 아버지의 사랑인 걸 알았고

아이로 인해 작은 기쁨이 쌓일 때
조금씩 세상을 내려놓으시던
내 아버지의 평온함을 느낀다.

아직 내가 가져보지 못한
그 자리가
여기저기 쌓여 있는데

오늘 내 아이들과 시간을 보내며
아이들이 앉아있는 내 자리를 본다.

거기에도
내가 가고 있는 그 자리에도
소중한 사랑뿐 이다.

나는 매일 천사를 보며 산다.

언제 부턴가 나는 매일 천사를 보며 산다.
사랑스럽고, 보고 싶고, 만지고 싶은데
세상에 있는 말을 다 하려해도 너무나 깨끗하여
그냥 바라다보며 미소만 보낼 뿐인
너무도 예쁜 천사를 나는 매일 보며 산다.

날 본듯한 눈망울은 나 아닌 내안에 사랑을 보는 것 같고
살포시 웃음 지음은 내 안에 모든 걱정을 녹이며
은은한 향기는 행복을 품어 내는듯
난 그 천사를 매일 보며 산다.

이렇게 보고 있노라면
바라보는 모든 이 들은 시름이 없고 어두움도 없고
마냥 웃음만을 가진 평온.
내가 가진 천국 같은 생각에 기도가 절로 난다.

감사합니다.
주신 은혜 감사합니다.

나는 매일 천사를 보며 산다.
보고 있노라면 주는 사랑보다 받는 사랑에 겨워
지그시 감은 눈으로 들어오는 행복을 느끼며
나는 매일 내 아들의 아이를 보며 산다.

그 아이의 이름은 하율, 하율천사.
나는 매일 하율천사를 보며 살고 있다.

하율:사랑하는 손녀

된장 이야기

뒤뜰 돌밭에 메주콩을 심었습니다.

이파리가 말라 갈 때 쯤 깨끗하게 털어
작은 가마솥에 물 붓고 함께 넣어
넘치지 않을 만큼
참나무장작 잘게 패어 얕은 불로 데쳤습니다.

이십 여 년 전 엄마와의 추억을 기다림 속에 만나며
절구에 옮겨진 달디 단 콩을 으깨었습니다.

두 손으로 찰 지게 눌러
주인이 누군지 모르는 신작로 옆 논바닥에서
몰래 가져온 지푸라기 꼬아 묶은 채로
정자 처마 끝에 매어 달았습니다.

그렇게 빚어진 메주는
몇 날 며칠 밤을 지새우며
신평의 맑은 이슬과 산뜻한 공기를 마셨고
내 여자의 사랑을 흠뻑 받았고

내 기쁨을 넉넉히 가져갔습니다.

어느 날
장 단지 열세 개 놓인 장독대
그중 허름하고 작은 항아리 들여다보며
오른손 작은 손가락으로
노랗게 숙성된 담근 된장 묻혀 입맛 보는
내 여자를 봤는데
그녀의 눈 속엔
익으면 주려던 시집간 딸아이, 내누나와 동생
은근히 일만 만들어 낸다고 핀잔 받는 내 모습까지
함께 있는 듯 했습니다.

그런데 그 모습이
굉장히 맛있어 보였습니다.

두 사람을 위한 기도

설레임 이었습니다.
우리가 드리는 기도가 주님께 들려
은혜로 태어났음을 알기에 감사 합니다.

기쁨 이었습니다.
가슴에 안긴 아이의 맑은 웃음을 보며
그 안에서 사랑을 느끼는 것이
주님의 돌보심으로 자라고 있다는 것을 알았기에
또 감사 합니다.

희망 이었습니다.
성장하며 때때로 조금의 지루함은 있었지만
이렇게 지금의 제 모습을 지키며 살아 올수 있음이
주님께서
지혜와 명철로 인도하여 주신다는 것을 알기에
진정 감사 합니다.

여기에

또 하나의 아름다움을 이루어 주십니다.
이 가정에 늘 함께 하시는 주님의 향기로
사랑의 동반자 됨에 둘이 아닌 하나가 되어
주님께 소망을 둡니다.

주여 받으소서.

그리하여
우리를 축복하여 주신 것처럼
이 둘도 축복하여 주시고
우리가 늘 감사하며 사는 것처럼
이 둘도 늘 감사하며 살게 하옵소서.

이 둘이 걷는 첫 발자욱부터 주께 의지하게 하시고
살아가는 매일 매일이 주님의 흔적을 닮아가게 하옵소서.
지금까지 이어져온 기도가
이 둘을 통하여 더욱 향기롭게 이어져 가게 하시고
작은 곳에서 빛과 소금이 되게 하옵소서.

어느 때 이든지 강하게 하시고
어떤 것으로도 아프지 말게 하옵소서.

그리고 이 둘이 하는 일마다
두 손을 합하게 하시고
믿음 속에서
아버지, 아버지의 이름을 부르게 하옵소서.
예수님 이름으로 기도 합니다. 아 멘.

사랑하는 아들의 결혼식장에서

조그만 사랑 이야기

일요일 아침 6시
곤한 모습 힘들어 보여 깨우기 싫다

내가 조금 더 자면 되는데
난 일찍 일어나는 게 몸에 배었다고
이 여자에게 늘 말하고 있다.

조금은 멀지만
아들과 셋이서 교회도 같이
점심도 같이
그리고 돌아와 곤함도 같이 달래다 보면
뉘엿뉘엿 해지고
헛헛함이 허기를 건드릴 때쯤
난 이야기할 그 누구를 찾고
내 옆에 누운
이 여자의 단잠이 달아날까 말하기 싫었는데

배 안고프니?
이말 한마디에
산통 다 깨진
내 조그만 사랑 이야기.

함께하는 사랑

추운 날씨라 호호 언 손 을 녹이다
방긋 하율이 싸인 강보에 바람 들어갈까 봐
틈새가 생기는 곳을 막아본다.

아이의 웃음이 그치지 않기를 바라며
나의 그런 모습에 뿌듯해한다.

마음이 아플 땐 잠시 고통이 온다.
나를 바라보는 모습들이 위로를 보내는데
그래도 아린 마음 한구석
천사 하율의 웃음이 한 방에 날린다.

가슴이 울컥거린다.

사랑은
내가 조금도 아프지 않기 바라는 마음 가진 채
너의 그 모습에서 내가 치료받는
잔잔하게 흐르는 따듯한 숨결

우리 같이 숨쉴 때
나는 너를 사랑하고
너도 나를 사랑하고

그 사랑은
내가 가지고 있을 때만 받을 수 있는
아름다운 눈빛

옆에 누워
아직 잘 보이지 않아 언제 올지 모르는 하율이 눈빛
물끄러미 바라만 보고 있다.

붉은 입술이 보이고
작은 그리움들 송알송알
사랑을 재잘대던 향수도 보인다.

2부

벚꽃 핀 길을 걸으며

앵두

삼월이어라
앵두나무
지난겨울의 추억을 털어내니 푸르름이 그 자릴 메운다.

싱그럽다

붉은 입술이 보이고
작은 그리움들 송알송알
사랑을 재잘대던 향수도 보인다.

맑은 하늘
사랑의 움직임들 보고 있노라니

초여름
그날까지의 기다림이 사뭇 아쉬워
이미 난 붉은 네 입술에
키스 하고 있다.

사월

햇살 길어진 잔디
속살이 보일 때쯤
진달래 분홍꽃잎에 마음 부풀어
그리움 파르르 떨었다.

계절을 한 바퀴 돌았는데도
지치지 않았음인지
시샘으로 떨어진 눈꽃조차
온기담은 모습에 눌려
슬며시 눈물 되어 사라짐이 보인다.

잠시의 머무름이라
기다렸던 만큼 그리움 너무 커
꽃잎 떨어짐에 이다지도 가슴 아린가보다.

사월
비록 가야함에
살며시 나를 떠난대도

함께 있는 것처럼
느낌 가지고 있으련다.

벚꽃 핀 길을 걸으며

바람 불어 좋은날
향긋함에 이끌려
어둠 따듯한 밤하늘에
걸음을 내딘다.

작은 흔들림에
자신을 훌훌 털고 있는 벚 꽃잎들
만지려는 손가락 사이를 빠져
내딛는 발자욱에 앉으며
잘있었어 ?
안부 묻고

여기 저기 작은 그리움들
"사랑해 사랑한다." 외치며
저마다 짝을 찾는다.

지금 난
그들을 포옹하며
어릴적 내 연인들과
사랑을 이야기하고 있다.

봄 이야기

비 내려 좋은날
난 풋풋한데
덜 핀 벗 꽃잎에 향수만 남았다

이른 더위가 오려는지
졸고 있는 시간 사이로 진달래가 급히 옷을 벗고
방긋거리는 꽃 잔디에 가려 늘어진 제비꽃
그래도 암팡진 보라색 꽃잎이 또 새롭다

오늘
지난해 내가 보낸 편지를 받았다
보내기 싫은 아쉬움과 사랑이 가득 담겨있다
일 년에 한번 씩 받아보는 편지인데
볼 때 마다 새로움이 적어있다

비가 걷혀가며
조금은 촉촉한 흑 냄새가 코를 당긴다.

거기엔
어제처럼 그제처럼
봄이 영글어 가고 있었다.

봄

켜켜함을 불어낸다
후....
예쁜 입술 작은 바람에 조금은 겨운 듯한
그러다가 이내 밀려가는 지루함속에
재잘대는 노란 앵무 두 마리의 가벼운 미소처럼
화알짝 펼쳐진
너는 봄

따듯함이 몰려온다.
하품을 한다.
음....
쌍꺼풀 없는 작은 눈 스르르 감기려다
아직은 덜 자란 냉이
그 뿌리에서 올라오는 풋풋한 향기에
깜짝 놀란
그래서 너도 봄

저기 사슴 장에

겨울동안 내내 껴입은 두터움들
회색을 떨어낸 잣나무의 등 결에 마구 문지르며
그간의 속사정들 이야기하는
사슴의 눈망울이 내게 보인다.
그래서 너도 봄

생각하면 상큼한
코끝엔 살짝 싱그러운
보이는건 모두 아름다운

어쩌면 엊그제만난 학우들
마치 그들과의 어울림이 마냥 시룽새룽하여
두근거리던 내 마음처럼
무진년 태어나 예쁜 아이 되어 내게 살짝 잠들어있는
순진한 네 모습
그래서 너도 봄
그리고 나도 봄.

봄이다

긴긴 겨울이라 생각했다
몸 에서도 그리고 마음 에서도
아프지 않고 아리기만 했던 내내 그것이
이제 한 겹을 벗어도 춥지 않은걸 보니
햇살이 세월을 데우고 있나보다

밤새 내린 눈이
세상을 덮었다
그런데도 설레임이 없다
의아한 마음에 한걸음 두 걸음 쌓인 길을 걸으니
그 두꺼운 눈이 와르르 무너진다.
이미 지난겨울의 낭만은 빠져 나가고
파란 것들의 움들이 그 자리를 잡고 있었다.

겨울 내내 가보지 않았던 닭장에 가 보았다
어쩌다가 알 하나
그 마저도 얼어 터져
마음 냉냉 하기만 하던 거기

이제 봄인가 하고 기웃 거리던 며칠사이
아지랑이 모락모락 한 알이 열개나 뭉쳐있다

봄이다
진짜 봄이다

쌓인 눈 위에도 봄
그 위에 걸쳐진 하늘도 봄
때 이른 반팔 티셔츠에 노출된
조금은 야윈 듯 내 살 갓 위에도 봄

그리고 무엇보다
겨울 내내 겨울인가하고 세월에 맡겨 놓아둔
내 마음에도 봄이다.

가을 엽서

낙엽에 쓴 편지
모아서 바람에 날려 봅니다.
골짜기에서 굴러
저수지 갓날라온 철새 들 에게로

마음에 쓴 편지
정성으로 접어 빨간 우체통에 넣어 봅니다.
진한 잉크향이 감은 눈을 통해
무언가를 기다리고 있을 그 사람 에게로

가을이라 스산합니다.
시린 두 손엔 따듯한 커피 잔이 온기를 불어주고
코끝에 감기는 커피향
그건
사랑, 그리움, 연민 담은
나 사랑해주는 그 사람의 가벼운 입맞춤 입니다.

가을

만져지는 것보다 마음이 먼저 시려지는 계절
스러져가는 것들 속에 흐르는 물이 너무 맑아
이제껏
야위어가는 빨간 싸릿닢의 끝자락을 붙잡고 있다.

모르게 다가온
변해가는 색깔의 안타까움이
저수지위 잔잔함에 떨어질 때
아쉬워하는 물결의 몸 트래짓이 애닯기만 하다.

모든 것이 인연이려니

스쳐 지난 것들에 무심했던 그만큼
비어있는 소중한 자리
담아 두지 못한 아쉬움 너무 커
간간히 녹아지는 눈물에 기다림을 담아본다.

아 ! 가을
벌써 내게 온 이 계절 다 가기 전에
막연히 기다리기만 한 좋은 인연 하나 만나고 싶다.

가을비

가을이다
아침 첫 공기가 약간은 찬듯 상쾌하고
검정색 톤으로 차려입은 옷에 어울리게
높은 하늘엔 드문드문 회색 구름 걸려
싱숭거리는 마음을 눌러주고
한적한 6차선 도로 옆 가로수
주홍색 단풍 되어 떨어져
달리는 차가 밀어내는 얕은 바람에
살랑살랑 제 몸을 뒤집고
차창으로 보이는 야산엔
꿋꿋하게 기백을 뽐내며 푸름을 고수하는 큰 소나무의 우
아함이 돌고 도는 계절의 단락을 이어주고 있다.
마침 ...새도, 산비둘기도
널려있는 낙곡 그 풍요에 짹짹 구구대며
익어가는 계절을 붙잡고 있다.
틀림없이 어젯밤에 이런 느낌으로 교회에 가려고
상상하며 잠이 들었는데...

아침 첫 공기가 비리다.
어제사온 포인터 새끼의 끙끙 소리에 창문을 여니
하늘은 아래 위 없이 온통 회색이다.
차창에 떨어지는 빗방울에 밖이 잘 보이진 않지만
빗물에 깔린 가로수 단풍이 형체가 없다.
멀리 보이는 큰 소나무는 이파리에 묻은 먼지가 씻겨 더욱
더 푸름이 돋보이는데
새도 비둘기도 널린 낙곡에 아랑곳없이
제 모습을 감춰 버렸다.

지금도 비가 오고 있다.
겨울을 재촉하는 가을비다.
라디오 일기예보에 온종일 비가 온단다.
근데 참 기분이 칙칙하다.

부르메 커피 한 잔

 태풍이 지난 뒤라
차도위에 아카시아 잎이 파랗게 뒹군다.

가사 없는 음악이 들리고
내가 앉은 통유리 창 앞에 남천은 벌써
끝가지를 물 들였다.

가끔 달리는 차창 안에
남자와 여자가 보인다.

인도위에 세 명, 네 명
내 앞을 지날 때 마다
날 찾는 반가움 인 냥
지나감이 허전하다

세 시간 째 앉아있다.

꿀 바른 치즈케익은 다 먹었고

뜨거웠던 커피 잔에 남은 몇 방울이
이젠 차갑다.

쭉… 혼자 이었는데
따듯한 아메리카노의 여운이 남아
그다지 시렵지 않다.

리필 한잔이면
몇 시간이 또 나를 데울 텐데..

앉아 있으면 가기 싫은 블루메 안에
익어있는 내 친구들이 그득하기에
식은 잔을 또 만지작거린다.

부르메:오산에있는 예쁜 커피 숍

겨울이 쌓이는 소리

돌절구 속 얼음위에 찬비 내려
잠시 겨울 녹는 소리가 들린다.

숨 다한 잔디위에도
홍건하게 쌓인다.

물 한 모금 들이켜
분무질 하듯
안개처럼 뿌연 소리들이 머리카락 끝을 타고
두꺼운 오리털파카위에
뚝 떨어진다.

어젠 처마에 달린 풍경이
갈 곳 없이 바람에 휘 저였는데
오늘은 찬비가 날 적시고
내일은 돌절구 속에 다시 얼음이 언단다.

이렇게 찬비 내려
질퍽해진 잔디 위에
또 겨울 쌓이는 소리가 들려온다.

나는 꽃을 좋아합니다

나는 꽃을 좋아 합니다.
꽃에는 아름다움과 향기가 들어있고
그리움이 있고 여유가 있기 때문입니다.

나는 꽃을 다른 이 에게 주고 싶습니다.
기쁨이기 때문입니다.
주는 꽃 위에 내 마음을 얹어 전해질 감동을 생각하면
혼자 웃으며 미소 짓는 기쁨이 있기 때문입니다.

나는 꽃을 받기도 좋아 합니다.
나를 생각해주는 사람이 있다는
확신이기 때문입니다.

요즈음은 내 속에서 그런 마음을 볼 수가 없습니다.
세상을 탓하고 세월에 홀리운 가슴이
아름다움에서 나를 점점 무디어지게 합니다.

매일 매일 버려야 할 것을 비우기는 하는데
그 비워진 공간은 이내 또 다른 것으로 채워지곤 합니다.

다시 돌아가렵니다.
좋아하는 꽃의 향기도 맡아보고
꽃을 사서 좋아하는 사람에게 주기도 하고
꽃 한 송이 사달라고 조르기도 하며
아름다움을 보고 그윽하게 느낄 수 있는
한 시간의 여유 속으로 돌아가렵니다.

내 마음에 비워버린 공간은 채우지 않고
그 여유로움을 느끼기 위해 꽃을 사 놓으렵니다.

나는 꽃을 좋아 하니까요.

사람들 가슴속에
메말라버린 서정이
지금은
사뭇 서글프기만 하다

이것 역시 곧 지나가리라

사람들, 마음의 서정, 그리고 시

의미 없는 음성
완성 되지 않은 그림
어쩌다 감성적인 날의 추억
아주 잠시도 눈 감아볼 여유 없는
일상에 매몰된 스물다섯 시간
비 오는 날의 혼잣말
몽롱한 정신세계의 뒤 켠
그러다가 지금은 부끄러울 것만 같은 나의 취미

조금만
아주 조금만 세상에서 멀어 질수 있다면

잠시 눈을 감고
하늘을 바라 볼 수 있다면

아름다운 음성을 들으며
눈물을 펑펑 흘릴 수 있는 순수
비 오는 날 빗속에서

옛날 예쁜 그녀를 볼 수 있는 정취
매일의 삶에 산뜻한 향기가 콧등을 톡톡 건드리고
바라보는 그의 모습에서
정겨움을 느낄 수 있는 싱그러움 인데

사람들 가슴속에
메말라버린 서정이 지금은
사뭇 서글프기만 하다.

설레임

바람 불어 좋은날
오려고 떠난 것 들이
하나 둘 보이고

걸치지 않으면 희미해
찡그린 두 눈썹 사이에
꾸미지 않은 촉촉함이 내리는데

옷깃을 풀고
아직은 덜 피어오른 하늘보며
두 팔을 벌렸다.

우와

아버지도 엄마도
꽃눈 핀 모과나무와 앵두
아직 다 그리지 못한 캔버스위 내 얼굴 까지도
저기 다 있다.

사랑은

고요할 때나 풍랑이 일 때나
내 마음 안에 있는 것

앞에 있지만
눈 먼 자 에겐 보이지 않는 것

행복 할 때 남는 여운 인 것 보다
아플 때 나와 함께 한다고 믿는 것

내 마음속에 늘 평안함
내 마음에 푸른 초장

그리고 사랑은
내게 주신 온전한 축복.

사랑해요

몰랐습니다.

빛으로 오신이의 사랑이
나 이 모습되기까지의 작은 예비하심 이란걸
정말 몰랐습니다.

이렇게 조금씩 내 가슴에 앉은 사랑이
쌓이고 넘치고 흘러
나에게서 너에게로 전해지는 감동이 된다는 것도
정말 몰랐습니다.

미움이 없어집니다.
편견도 사라집니다.

시기와 욕심은 강물처럼 밀려오는 은혜에 사로잡혀
하나씩 하나씩 빠져 나갑니다

비워지는 가슴이 복받치는 건
내가 받는 사랑이

너무도 큰 때문 인 것 같습니다

여기저기에
제가 받은 사랑들 나누려고

웃음으로 찬양으로 기도로
서로를 만져주는 모습이 보입니다.

그 안에서
복받치는 가슴속 넘치는 은혜 속에
"사랑해요"라고 정성스레 글을 여며
사랑하는 이 에게 보내렵니다.

기도

나에겐

힘을 주시는
따듯함을 주시는
위로와 평안을 주시는
한 분이 계십니다.

그래서 난
매일을 행복하게 살고 있습니다.

어떤 때는
이렇게 행복을 느끼며 사는 것이 감사해 고백하고
어떤 때는 내게 다가오는 것이 너무 아파
힘을 주시라고 외치기도 합니다.

그분은 나를 사랑 하셔서
나의 이런 모습을 안으시고 속삭여 주십니다.

그런데 난
해 드릴게 아무것도 없어서
매일 그분을 붙잡고

"사랑 합니다"
"사랑 합니다"

입술을 통해
마음만 드릴 뿐입니다

"지금도 많이 사랑 합니다".

나의 소원

나 두 손 들고 주님께 갑니다.
주께 나아가길 원하는데
너무 무겁습니다.
고백 할 때 마다 놓아 지는데
용기 없음이 나의 외침을 가로 막습니다.
작은 평화 가운데 걱정스러움은
믿음이 부족한자의 사치일 뿐입니다
외치겠습니다.
두 손에 웅켜진 달콤한 의심을 내려놓고 외치겠습니다.
"주여 나와 함께 하옵소서"

나 두 손을 모으고 주님께 갑니다.
주님의 사랑을 담길 원하는데
빈 공간이 없습니다.
주실 때마다 담을 수 있는데
욕심들이 가로막고 있습니다.

작은 행복을 내가 만들었다고 생각함은

믿음이 부족한 자의 교만일 뿐입니다
담겠습니다.
가슴을 꽉 채운 시커먼 욕심을 내려놓고
구하여 담겠습니다.
"주여 나에게 사랑을 주옵소서"

나의 하나님
나의 고백을 받으시고
주님의 사랑으로 나를 채우소서
주님의 정결하신 피로 나의 영혼을 감싸시고
은혜의 강에 나를 띄우소서
평화와 사랑이 흐르는 영원한 그 곳에 .

응답

무릎 꿇어
기도 합니다.

눈을 감으니
꼭 잡은 두 손에서 눈물이 흐릅니다.
소리 쳤습니다.

침묵이 흐르며

잠깐 이었지만
이렇게 해야 할 것만 같은 느낌이 꽉 차오릅니다.
지금까진 내 생각으로만 알고 있었는데
아닌가봅니다.

교만이 빠져나간 심장 속에
문득 문득 떠오르는 확신은

아마도
내게 주시는 사랑
그 음성인가 봅니다.

이것 역시 곧 지나가리라

은혜가 가득하여
기도 했더니
그의 광채가 내 안에 계셔
주신 기쁜 마음을 마냥 붙잡고 있다.

그러나 잠시 후 내게서 지나가리라.

감당 할 수 없는 슬픔이라
기도 했더니
닦아도 또 닦아도 눈물만 흐르고..

이것 역시 곳 지나가리라.

절망 속에
헤어나려고 기도한다.
용서
분노
자책
수많은 것들이 나를 할퀴지만

이것 역시 곧 지나가리라.

사랑하기에
다 내 마음 같아
상처를 주기도
상처를 받기도
때론 아린 마음을 포옹하며
분주하게 너스레를 떨지만

이것 역시 곧 지나간다.

매일
이렇게 수많은 것들이
내게 머물지 않고 지나갑니다.

아주 잠시이지만
새로 올 것들에 기도하며
지나간 것을 기억에서 지웁니다.

일상

주안에서 항상 기뻐하라 하셨습니까?

아침 일찍
어미 잃은 새끼사슴에게 우유 한 병 먹이며
큰 눈에 어려 있는 행복을 보았습니다.

유월 이었습니다.
저수지에서 일어나
내가 걷던 길을 거슬러 오른 은은한 바람 안에서
엊그제 뿌린 참깨와 땅콩
거두면 만들어 장 담그려했던
메주의 냄새도 맡았습니다.

시간이 지나갑니다.
다신 만나지 못할 일상 속에서
사랑하는 사람들을 만납니다.
기쁨도, 슬픔도, 아픔도, 노함도

때로는 다툼까지도 함께 하다가
내 자리에 다시 돌아왔을 때
그건 사랑 이었습니다.

지금 찬양하는 시간이 많이 기다려집니다.
그들과의 만남도, 헤어짐도
불리어지는 찬양까지 그 모두가 은혜이기 때문입니다.

이렇게 흘러가는 한 시간, 하루, 한 달
연결되어 나를 스쳐가는 시간들이 지나고 나니
행복도, 사랑도, 은혜도 모두가 기쁨 이었습니다.
가끔은 잊혀 지지 않으려나 걱정을 하지만
다가올 것이 모두가 기쁨일 것만 같아 안도하렵니다.
무한히 감사를 하며.

임마누엘

주가
나와 함께 하신다.

숨을 쉬기 시작하며
모르던 세상을 조금씩 알기 시작하고
죄가 싹트기 시작하며
자란 그 죄에 묻혀 세상이 보이지 않을 때까지
임마누엘
주가 나와 함께 하셨다.

사랑 받기 시작하며
사랑으로 인해 세상 속에서 나를 찾을 때까지
주가 나와 함께 하셨다.

죄가 싹트며 사랑을 받으며
주가 나와 함께 하심을 모르던 그 때부터
확신을 가진 지금까지
임마누엘

주가 나와 함께 하신다.

영원한 평온과 사랑을
말씀 안에서 찾으라시며
음성으로 향기로 느낌으로 나를 포옹 하셨던 주님
임마누엘
주가 나와 함께 하신다.

나는 행복한 사람이다
임마누엘
주가 나와 함께 하시기 때문에.

둘이

하나 되어

우리가 되었습니다.

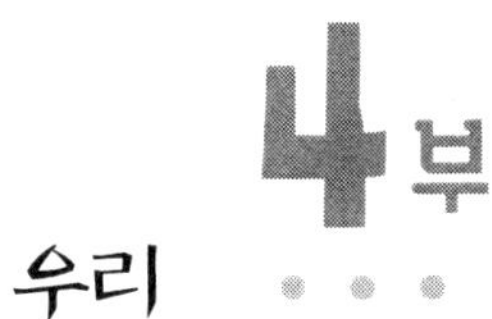

4부 우리

우리

1.우리의 시작

둘이 하나 되어
우리가 된다는 건
허울속에 이루어진
사랑의 아름다운 모습이 아닙니다.

스물다섯 시간의 하루가
온종일 마음 아파 그렇게 바라본 곳
거기 있어야할 자리에 없는 그대를
하염없이 그리는 것이
그대를 꿈꾸던 나 이었는데

그건 아니라며
가슴 아린 목소리에
이미 정해져버린 인연
그리고 운명으로 안아 주었기에

우린
둘이 하나 되어
우리가 되었습니다.

우리

2. 시련

둘이 하나 되어
우리가 되려고 발버둥 치던 그 하나가
거울을 보았습니다.

갇힌 외로움이 슬퍼
넘친 만큼 흐르는 그리움은
초라한 자화상을 적시고
깊은 곳 방황 속으로
마구 떨어집니다.

그때
그대 거기서 나를 보고
나를 보는 그대 모습을 내가 보았기에
일어 날 수 있어

우린
둘이 하나 되어
우리가 될 수 있었습니다.

우리

3.그리고 잔잔함

봄 되어
새로워진 모든 것이
생명을 덧입는다.

거기엔 풋풋한 만큼의 미소
그리웠던 만큼 저며 오는 뭉클함
새로운 희망 속으로 달려가는 전율

셀 수 도 표현 할 수 도 없는 많은 것들이
내 가슴 속에서 뛰어 나온다

비 오는 날
떨어지는 빗방울 튀는 모습에서
인생의 반은 건져 올리는
우울한 아름다움은 이제 지우렵니다.

둘이 하나 되어
우리가 되지 못했을 때 겪어나갈
고통의 피난처 일지도 모른다는
깊은 우려 때문 이겠지요.

우리
4. 안도

겨울에 낙엽지고
가을에 하얀 눈이 내리더라도
나아닌 우리의 가슴에 묻힐 추억으로
바라보이기에

더 이상
정해지지 않은 운명 속을
기웃거리기 싫다

허울 좋은 이름
그 어떤 모습 하나 하나가 사연되어
내게 손짓해도

이미 그건
아름답고 중요한
둘이 하나 되어 우리가 되었기에
허접한 삶의 뒤안길에 버리련다.

우리

5. 이제 우리가 되어

내 안에 그대 있어
나 그대를 만난다.
어제도 오늘도 그리고 내일도

둘이 하나 되어
우리가 되었기에
아파도 아프지 않고
슬퍼도 슬프지 않으리라

혹여
나중 누가 혼자 이어도
혼자 아닌 그냥 우리로 남아
쌓은 추억 속에서
우리의 삶을 살아 갈수 있도록

많이 사랑 하련다
울게 하지 않고
마냥 웃게 해 주련다.

기억

너무 아파서 지우지 못한
파랗게 멍든 자욱

너무 좋아서
마음 가까이 놓아두고
아무 때나 들춰보던 내 모습

찾으려 해도
지우려 해도
형태도 느낌도 없이
손끝에 걸린 그리움

저녁 어스름에 가까운 마실길 쉬 걷는
할아버지 할머니처럼
의식 없이 제집처럼 왔다 가는
내 이야기들

때가되면 다 거두어
다시 내가 가져가야할 내 비밀들.

낙산 여기 바다

넓고 푸른
따듯한 가슴을 가진
수많은 추억을 간직한 그리움들의 모임
만져본 자욱들마다 처얼썩 소리에
머금은 기억들 쏟아내고
지금 다시 가져도 새롭기만 한 이력들이
백사장 여기서 저 끝까지
몇 분마다 변하는 오색 가로등에 부딪혀
하나씩 둘씩 부서지려나 안타까움에
모아서 모아서
따가운 모래밭에 심는다.

오늘부터 십년이 지나도
캐어내면 언제나 내 것이 될
내 이야기가 묻힌 여기.

내게 보이는 것

눈이 제법 오고 있다.
그래서인지 하늘이 우중충하다.
난 잘 다져진 잣나무 숲속 길을 마다하고
다듬어 지지 않은 저수지 옆길을 걸었다.
갈참나무와 너도밤나무가
산초나무 사이에 드문드문 서있고
힘차게 치솟던 세월의 이파리들이
온통 바닥에 깔려있다.
명을 다한 새들의 몸뚱이도 보이고
버려진 작은 짐승들의 흔적도 느껴진다.
터벅터벅
내 기척에 놀라
한갓지게 겨울놀이를 즐기던
한 떼의 철새들
굉음과 함께 수 백 톤의 무게를 던지고
가볍게 눈발을 타고 하늘로 오른다.
그 진동이 물결을 건너 내게와 닿는다.
나 지금 그 자리에 서있다.

거기서 조금 전 철새에게서 보았듯
용기가 없어 부질없이 붙잡고 있던 내 작은 것들을
하나씩 하나씩
눈이 펑펑 쏟아지는 저수지위에 던져 버렸다.
버린 만큼 비어있는 내 가슴에
새로운 공기가 들어온다.
겨울공기가 참 시원하다.
돌아가는 발걸음이 가볍다.
눈은 오고 있는데
올려다본 하늘은 밝기만 하다.

너의 마음

들어가려는 욕망...

광릉수목원을 돌아 고모리로 향하던 설레임
한적한 플라타나스 길가에 눕는다.

봄부터 수락산을 거스른 가을
누워 바라보는 하늘의 높이를 밀어 올리고
그렇게 공간에 제 끝자락을 당기면
흔들려 떨어지는 시간 그리고 그 향수
나의 속살에 깊게 자리한다.

너무 빠른 연민 인 듯
주춤거리는 발걸음이
차마 시린 가을 이슬의 한 모퉁이 되어
내 마음 언저리에 휘감기면

들어가 보지도 못했으면서
마치 나와 버린 듯
차가운 너의 눈길 걸어가는 뒷모습

아직 놓을 수 없는 너를 붙잡고
들어가 보려던 길 위에서서
어쩌면 거기 있을 나를 찾고 있다

잠시 눈감으면 보이지 않을 듯
아직도 수락을 걷고 있을 네 마음속에
봄 지나 여름 지나 가을이 가려할 때
이 추위가 네가 가진 작은 신비에 녹여 진다면
꺽기지 않는 윤회의 틀 속에서 늘 함께 하련다.

늦가을 낙엽

아침 일찍 뿌려지는 새벽이슬이 시리다.
오싹하게 변해있는 난 반항이라도 하듯
꼼지락 거린다.
감은 눈앞에 세월의 허무가 지나간다.
태어남으로 세상을 누리고
아름다워지는 시절 가진 듯한데
어느덧 가을 찬바람에 시려 벌거벗긴 초라함만 남았다.
난 그렇게 자존심에 기대고 있다.

고울 때 누군가의 눈에 붙잡혀
추억 있는 책속에 그대로 간직되어 있다면
뒤척일 때마다 그들의 눈 속에 남겨진 세상에
머무를 수 있을 텐데...
가끔은 이렇게 후회를 하기도 한다.

그때는 참 교만 하기만 했던가 보다.
여린 아픔이 실바람에 딩구르는 나를 채근한다.
나는 잘 참기도 한다.

지금은 그냥
구르고 부딪치고 찢어지는
내 앞에 내 모습이 서러워 눈물이 흐른다.

아픈 나를 위로해줄
지나간 내 연민이 이토록 그리운 오늘
작은 실바람이 또 나를 건드린다.

보고싶다

너 일 것 같아
눈 감은 척 엎드린 옆에 스쳐 지나가면

아닌데도 너인 것 같아
성그럽게 엮인 손가락 사이로 쳐다본다.

뭉클한 긴 숨에 깊은 그리움 섞어
골목길 돌아 빛바랜 가로등 밑에 니 그림자 찾으면

보일 것 같은 공간엔
온통 뿌려진 그리움

비를 좋아 했기에
가을 이지만
자꾸 높아지며 추억만 채우는
개어있는 빈 하늘에
미운 시샘을 보낸다.

시간은 모르지만
창가에 불 꺼지면
거긴 너 없는데
어쩌면 날 찾지나 않으려나
그 마음에
난
니가 보고싶다.

조금씩
조금씩
감미로운 욕망이 즐거워
그냥 다가가는..

5부

사랑 • • •

사랑

- 친밀

조금 씩 조금 씩

감미로운 욕망이 즐거워
그냥 다가가는..

그의 입김은
그대가 함께 라는 기대에
살며시 내 마음을 부풀게 하고
그의 정감은
아까운 시간의 흘러감을 붙잡으려
애쓰는 내 마음의 고통을 잠자게 하는..

어느덧 잡은 손에 소용돌이치는 기쁨
무언지 모르지만 그것을 통해 내게 오는 향기는
나의 것이 되어버린
그의 선물

내가 느끼는 만큼

그도 느끼고 있을까

그래서 조금 씩 다가간다.
내가 가진 느낌이 너무 좋아
나도 모르게 자꾸 다가만 간다.

사랑

- 교류

나의 것이 되어버린 그 느낌
짜릿함에서 사랑을 느낀다.

그래서 노력 합니다
그냥 가져가는 것이 아니라는걸 내가 알기에
노력 합니다

사랑한다는 것이 쉽지 않게 다가와
조금 씩 쌓여
혼자 힘으로 감당하기 어렵다는걸 알기에
많이 노력 합니다

단 한 순간이라도 그대를 놓으면
그대 마음이 아프다는걸 알기에

어쩌면 나보다 더 나와의 사랑을 위해
노력 하고 있는 그의 마음을 알기에
열심히 노력하렵니다.

사랑을 하기 위하여
사랑을 받기 위하여
또 그렇게 한 사랑을 붙잡기 위하여
그 사랑을 아름답게 교류하기 위하여
많이 노력하렵니다.

사랑

- 기쁨

그대가 있어서 너무 좋습니다.
무언지 모르는 그 느낌이
항상 나를 감싸고 있음에
아프지 않아서 너무 좋습니다.

그대가 있어서 너무 좋습니다.
은은하게 음률로 다가와
내게 전해진 그대의 모든 것들이
새 삶의 메시지로 나를 포옹 하여줌에
행복을 입고 있어 너무 좋습니다.

여행을 떠납니다.
지금 내 곁에 남아 나의 것이 되어있는
그대와 함께
지금까지 겪지 못한 새로운 뭉클함을 향해
가고 있습니다.

먼 훗날 언젠가 그것이 침묵에 빠져
너그러움으로 그대를 바라볼지언정
지금은 그대 모습이 향긋하고
그대 냄새가 아름답고
그대 느낌이 너무 부드러워
지금만을 붙잡고 여행을 떠납니다.

너무 좋습니다.
지금 내 곁에 아무 생각도 없이
많이 사랑 할 수 있는 그대가 있음에
너무 좋습니다.

사랑

- 만족

그대 얼굴의 환한 미소는
감춰 지지 않는 사랑의 모습입니다

아름다움엔 웃음이 묻어있고
향기엔 사랑이 흐르고
모습에 매력이 넘침은
가슴에 담긴 사랑 그 만족의 표현입니다

이해와 배려가 묻어있고
끝까지 함께하리라는 확신과
사랑을 가진 자의 포용이 묻어있는
보석의 결정체가 발하는 빛이다

느낌만으로 바라본 사랑의 실체를 확인 하려고
그의 가슴을 열었더니
풀리지 않게 동여매어진 내 모습
거기에 있었다.

화안한 만족
그 웃음과 함께.

얼굴

마음의 길
통하여 모든 것을 볼 수 있는 순수함
다 벗어 버린 벌거숭이

자랑 하고 싶은 사랑 이야기도
마음 찢어지는 아픔도
조용히 가져가야할 세상 이야기도
다 적어있는 일기장

인자함도
고귀함도
명예로움도
그대로 묻어있는 연륜

질투와 욕망의 초상화
그리고 세상을 내려놓은 웃음 속에 활짝 핀
천사의 모습.

아쉬움

졸려운 눈꺼풀이 세상을 닫으려다가
아차, 싫어
한쪽 눈을 연다.
이렇게 닫아 버리면
오늘이 온데도 없이 사라져 버릴것 같아서다.
잠이 들었다 눈을 뜨면 또 새로운 하루가 기다리기에
미처 만져 보지 못한 남은 시간이 아쉬워
감아지는 눈을 붙잡고 있다.
"세월은 왜 이리도 빠르지?"
이삼일에 한번은 아쉬움을 같이 이야기하던 이사람
단잠과 함께 하는데
난 그의 자는 시간까지도 지금 붙잡고 있다.
어차피 지나간다는거 잘 알면서
할 일이 많이 남은 것만 같은
유난히 아쉬운 날
오늘 같은 날이면 내 가진 나이를 주물럭거리곤 한다.

산다는 것

피어오르는 것들
머뭇거리지도 못하는 것이
슬프다

달려가는 것들은
멈추지 못하는 것이
아쉽기만 하다

서로 다른 자리에 앉아
산다는 것이 이런 것이구나
견뎌내는 모습이 우울하다.

봄인데
허접하게도 눈이 많이 오고 있다
계절 잃은 감각은 제 뜻이 아니라며
울어 버리는 모습이 쓸쓸하다

꼬리치기엔 힘이 없어서인지

멀뚱멀뚱 표정 적시는 우리 집 진돗개
진남이 에게선 세월이 묻어나는데

현관옆 화단에 수선화 수십송이가
노랑, 빨강, 하양
제가 가진 색깔을 흔들며
흙을 뚫고 오른다

난
그런 세월에 아부하려
이쁘게 머리 묶고
분홍색 티셔츠 깃 사이 보이는 주름 가리려고
십자가 목걸이를 만지작 거리고 있다.

산다는 건

철이 들었을 때의 기억은 가물가물하다
그때부턴
다가올 날을 생각 하느라
스쳐 지나는 기쁨을 가지고 있을 겨를이 없었다.

머뭇거리다 놓쳐버린 세월이
마냥 불안하다
가만히 생각하니
다짐한일은 기약이 없는데
나도 모르게 조금 씩
세상을 놓아버리고 있는 것이다

모두 다 놓으라시면
마음이 많이 아플 것 같다

살아보니
누구라도 그러하듯이 희망 하나는 꼭 가지고 있더라

곱게 나이 들어 보이는 내 얼굴..
그건 내가 해야할 일을 다 마쳤을 때 이겠지

지내보니
지나는 만큼 또 잊혀 지겠지만
내게 다가 오는건 다 내 것 이니까
꼭 쥐고 살으련다.

삶의 의미

숨 가쁘게 지내온 한 해 만에 눈을 감아 봅니다.
지금껏 선택도 없이 보여 지던 세상은 없어지고
잔잔한 바람, 높은 하늘, 구수한 흙과
이젠 말라가는 채소들
그들이 내뿜는 향수가
지난해 이때쯤 놓아주기 싫었던
짧은 나만의 시간으로 돌아옵니다.
이상하리만치 조용한 아름다움의 펼쳐짐이
혹, 눈을 깜빡이기라도하면
그 순간이라도 놓칠까 안타까워
지그시 두 손으로 눈을 가립니다.
내가 찾지 못하는 중에도 늘 나와 함께 했던 탓에
어색함 없이 난 이들과 거닐고 있습니다.
지금, 난 참 좋습니다.
내가 가진 것을 조금 놓으면
놓은 그 만큼 내 안에 이들이 들어가 있을 텐데
매번 지나가버린 아쉬움만 후회하고 있습니다.
눈을 뜨면 다시 보이는 세상 중에

어느 것 하나를 놓아 버리고
눈을 감지 않아도
보여 지는 향수를 가지기위해 허우적 대보겠습니다.
아름다움과 즐거움, 평안함이 항상 내 옆에 있기에
난 행복한 사람입니다.
그렇게 느껴지는 조금, 조금의 시간들
내 옆을 사랑하고 마음을 적어가는 것이
가지고 싶은 내 삶의 의미입니다.

외로움

소리쳤다
아무도 대답 하는 이가 없다
누구에게 랄 것도 없이
그냥 소리쳤다
너무 아파서 아프다고...
그래도 누구하나 날 보는 이가 없다

파여 버린 심장의 고동 소리가
고르지 않은 정맥을 두드리며 나를 저미고 있다

보는 이도 듣는 이도 없이
긴 숨을 들이쉬고 내쉬고를 몇 번 하다보면
결국 내가 했던 말은
내게서 나를 통해 나를 맴 돌고 있다

지금도 말을 하곤 있지만
역시 아무도 알지 못한다.

이럴 때면
내 심장은 늘 울고 있다.

파도

파랗게
하얗게
만지면 잡힐 듯
귀대면 들릴 듯한
지난 세월의 기억

올 때는 아름답고
갈 때는 소리 없는
세상에 관심 없는 남자와 여자 이야기

불꽃놀이 속에선 웃고
작은 비에도 슬퍼하는
그러다가 다시 찾는 추억에게
맡긴 기억을 되 돌려주는..

아마도
같이 웃고 같이 울자는
외로운 자의 은은한 비명소리.

행복

가끔은 겨웁기도하다
때론 아쉽기도하다

가진 것이 아니라 문득 느껴지는
진한 감동이 사랑되어
마음 깊게 파고드는 것

어렵게도 아닌데
쉽게는 더욱 아닌데

느낄 수 있는 만큼만 내 옆에 다가온다면
순간이라 할지라도 붙잡고 놓지 않을
아름다운 내 소망.

지금 내가 서 있는 곳
- 신평 저수지 앞에서

눈이 많이 오는 날
눈 따라 걷다 잠시 머문 곳

내가 만든 둘레길 가장자리
얼지 않아 큰 눈송이들 뛰어드는 저수지가
자리를 비워 주는 곳

뒤를 돌아보라며
무거우면 조금은 내려놓으라며
수고 했다며

토닥이고 위로 건네는
아름다운 수채화

하얀 색깔 칠 해지는 곳마다
나와 우리의 삶이
물감의 진한 향에 잠기는 지금

내가 서 있는 여기
나의 쉼터
아직 다 그리지 못한
나의 도화지.

소망의 길

여기 첫 걸음을 디딥니다.
길을 걷는 동안 아무것도 생각나지 말게 하시고
여기 담긴 아름다움만 보이게 하소서

음률의 은은함이 흐르는 대로 발걸음을 이끄시고
걸음마다 그분의 향기를 느끼게 하소서

한 구비를 돌때 나를 고백하게 하시고
또 한 구비 돌아 숨 차 오를 때
내게 보이는 물결위에 나를 던지게 하소서

그래 가벼워진 마음이
눈물 흘릴 수 있는 여유를 가지게 하시고
이 길을 스치는 바람에서
나를 응원하는 음성을 듣게 하소서

시간을 돌아 돌아
어느 즈음

변해있는 내 모습에
나를 웃게 하시고
겨워 홍얼거림이
당신께 드리는 감사의 기도가 되게 하소서

이 길의 끝에 다다릅니다.
아무것도 생각나지 않았습니다.

오직
길 위에 소중하게 널린 소망만 함초롬이
내 비워진 가슴에 담겨 있습니다.

신평 둘레길중 소망의길 위에서

소슬마당으로 가는 길

걷고
걸었습니다.
짧은 거리를 긴 시간에
자꾸 걸었습니다.

자박 자박 나 부르는 낙엽 소리가
저수지에 파르르 작은 떨림을 줍니다.

걸어가며
가쁜 호흡이
보이는 아름다움을 마구 들이 쉽니다.

마음이 붕긋해 집니다.
사랑도
희망도
연민도
다 이안에 있습니다.

언젠가부터
작은 그리움이 나를 따라 옵니다.

자박 자박
여운이 들립니다.

신평 둘레길 소슬마당에서

자작나무 의자가 가진 내 가을

가을 냄새가 흐르고
잔잔한 영상이 물결의 높이를 타고 노니는
여기에
엷은 무늬를 깍고 다듬은 자작나무 의자를 심는다.

향기바랜 아름다운 색깔들이
잠간 스치는 작은 실바람에
스르르 내 어깨를 감아 안고
라디오 선율 속에 가을노래가 들릴 듯 말 듯 귓등을 만진다.

지나온 것과 다가올 것이
생각나지 않으려는 듯
그냥 따듯한 커피 한잔이 마시고 싶은 곳

더 이상의 추억이 필요치 않을 것 같은 이곳에
자작나무 의자를 심고

여기 앉았다.

펼친 노트에 써 내려가는
만년필 잉크 냄새가 마음을 움직인다.
자작나무 의자 살결에 배인 설레임이
커피 잔에 담기고
저기 낚시꾼의 사색과
피톤치트 가득한 잣나무 숲도 담긴다.

앉아있지만
걸어도 걸어도
또 걷고 싶은 가을 길인데

지금 이 자작나무 의자는
내 가을을 꼭 붙잡고만 있다.

지금 이 시간이 멈춰지게 하소서

지금 이 시간이 멈춰지게 하소서

거울에 비친 내 얼굴의 미소
내가 좋아하는 가을노래
벼 익는 냄새의 풍요
하늘엔 온통 갓 태어난 푸르름만 보이고
반가운 이의 포근한 손길
주고받는 눈결의 아름다움
행복까지 무뎌지게 만드는
이 시간이 멈춰지게 하소서.

일상 속에서
수많은 생각을 남기고
치즈케익 한 조각과 따듯한 커피 한잔에 취하는
그 시간에서 잠간 멈추고 싶다.

사랑하는 이에게서
전해 오는 것에 함께하며 나도 몰래 혼자 웃음 지을 때

보내기 싫은 그 시간도 멈추고 싶다.

내게 지나가는 이 많은 시간 중에
매일은 아니지만
포옹하며 가지고 싶은 소중한 나의 것들
만지고 느낄 수 있는 그 만큼 만이라도
멈춰지게 하소서.

치유의 숲

은혜가 향기로
희망이 빛으로
내 마음 열린 곳곳에 안겨오니
새로워지리라

굽이굽이 작은 산길 돌며
힘 들 때 뱉어 내는 큰 숨 속에
내 가진아픔 다 담고
비워진 곳곳에 맑은소리 담으니
또 새로워지리라

두 손 모아 가슴에 대고
지그시 눈 감아 잠시 세상을 닫고
하고 싶은 한 마디

"새롭게 하소서"

이제 나

여기서
새롭게 되리라.

치유의숲: 신평 둘레길 중 잣나무숲

김경태

강원도 원주 출생
상지대학교 경영학과 졸업
2000년「시와 비평」신인상 등단
남한강동백문학회, 산다촌문인회 회원
시집:「아플때 뜨거운 내 이마에 손 얹어 줄
다정한 사람이 있다면」
「가을」

김경태 제3시집

조그만 사랑이야기

2022년 7월 20일 초판 인쇄
2022년 7월 25일 초판 발행

저 자 | 김 경 태
발행인 | 이 승 한
편 집 | 임 선 실
발행처 | 도서출판 엠-애 드
등 록 | 제 2-2554
주 소 | 서울시 중구 마른내로 8길 30
전 화 | 02) 2278-8063/4
팩 스 | 02) 2275-8064
이메일 | madd1@hanmail.net

ISBN 978-89-6575-159-5
값 10,000원